Einsterns Schwester

4

Themenheft 3
Texte schreiben

Herausgegeben von
Roland Bauer
Jutta Maurach

Erarbeitet von
Katrin Baudendistel
Daniela Dreier-Kuzuhara

Cornelsen

Inhaltsverzeichnis

Lernportion 1
Kreatives Schreiben fördern

⭐ Zu den Anfangsbuchstaben des Namens schreiben 5

⭐ In einem Text Wörter mit K/k ersetzen 6

⭐ Einen Text verändern 7

⭑ Eine Geschichte gemeinsam entwickeln 8

Lernportion 2
Andere schriftlich informieren

⭐ Merkmale einer E-Mail kennen lernen 9

⭐ Anredepronomen finden und unterscheiden 10

⭑ Abkürzungen entschlüsseln 11

⭐ Einen Bericht kennen lernen 12

⭐ Einen Bericht schreiben 13

Lernportion 3
Erlebnisse erzählen

⭐ Eine Erlebnisgeschichte planen 14

⭐ Eine passende Überschrift finden 15

⭑ Ein Erlebnis spielen 16

⭐ Den Höhepunkt erkennen 17

⭐ Gefühle zuordnen 18

⭐ Eine Erlebniserzählung schreiben 19

Lernportion 4
Gegenstände genau beschreiben

⭐ Einen Gegenstand genau beschreiben 20

⭐ Treffende Wörter finden 21

⭐ Eine Anzeige schreiben 22

⭑ Beschreibungen miteinander vergleichen 23

Lernportion 5
Inhalte zusammenfassen

⭐ Einen Text zusammenfassen 24

⭐ Die Zeitform einer Zusammenfassung beachten 25

⭐ Eine Zusammenfassung zu einem Märchen schreiben 26

⭑ Eine Zusammenfassung überprüfen 27

Lernportion 6
Fantasiegeschichten schreiben

⭐ Eine Fantasiegeschichte schreiben 28

⭐ Den Hauptteil aus einer Sichtweise schreiben 29

⭐ Einen Schluss schreiben 30

⭑ Fantasiegeschichten anregen 31

Lernportion 7 ✤✤✤

Handlungen beschreiben

⭐ Den Aufbau einer Spielanleitung kennen lernen 32

⭐ Eine Mindmap zu einem Spiel erstellen 33

☆ Eine Spielanleitung überarbeiten 34

⭐ Ein Lola-Spiel entwerfen 35

Lernportion 8 ✤✤✤

Gedichte schreiben

⭐ Verschiedene Gedichtarten erkennen 36

☆ Ein Zehn-Wörter-Gedicht verfassen 37

⭐ Ein Rondell schreiben 38

⭐ Ein Schneeballgedicht schreiben 39

Ich bin Lola und ich helfe dir.

So kannst du mit den Heften arbeiten

Du machst alle
Seiten der Lernportion 1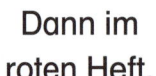.

Zuerst im
grünen Heft.

Dann im
roten Heft.

Dann im
gelben Heft.

Und dann im
blauen Heft.

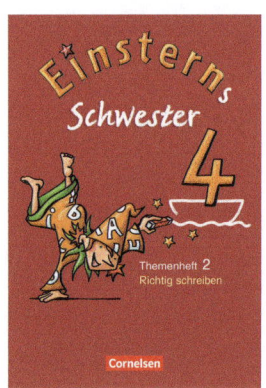

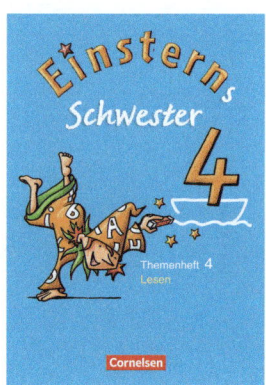

Danach machst du in
allen Heften die Lernportion 2.

Nun machst du in
allen Heften die Lernportion 3.

Genauso bearbeitest du
alle anderen Lernportionen.

Zu jeder
Lernportion
kannst du
im Arbeitsheft
arbeiten.

→ AH Seite …
Dieser Hinweis zeigt dir,
dass es eine passende Seite
im Arbeitsheft gibt.

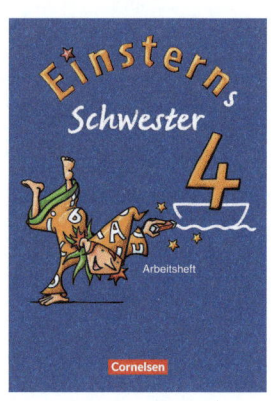

Zu den Anfangsbuchstaben des Namens schreiben

1 Gestalte ein Schmuckblatt mit den Anfangsbuchstaben deines Vornamens und deines Nachnamens in Großbuchstaben.

2 Sammle zu jedem Anfangsbuchstaben Wörter, die zu dir passen.

Heft 3, Seite 5 ②
...

L	B
lustig	Bananeneis
lieb	brummig
Limonade	Bruder
lachen	Brille
laut	bummeln
lesen	basteln

Die kunstvoll gestalteten Anfangsbuchstaben deines Vornamens und deines Nachnamens nennt man Monogramm.

3

Braunbären brauchen billiges Bananeneis.

Lernportion 1: Kreatives Schreiben fördern

1   Lies die Geschichte.

a) Ersetze jedes Wort, das mit K/k beginnt, durch ein anderes passendes Wort.

b) Schreibe die Geschichte in Schönschrift in dein Heft und gestalte einen passenden Rahmen.

c) Unterstreiche die ersetzten Wörter.

> Heft 3, Seite 6 ①
> Ein Lerngang zum Bauernhof
> Heute besuchen die Schüler
> der 4a den Bauernhof der
> Familie Maier.
> ...

Ein Klassenausflug zum Bauernhof

Heute besucht die Klasse 4 a den Bauernhof der Familie Maier.
Der kleine Bauer erwartet die Kinder zum Rundgang durch den Stall.
Dort stehen dreißig Kühe, die frisches Gras kauen.
Anschließend bestaunen die Kinder das drei Tage alte Kalb Rudolf.
Sie dürfen es ganz vorsichtig knuddeln.
Als Nächstes kommen sie zur Milchkammer.
Aus der Kammer wird gerade die kalte Milch in ein Milchauto gepumpt.
Anschließend wird sie zur Molkerei gebracht.
Zum Abschluss bekommt die Klasse eine Kanne Milch geschenkt.

2

1 Einen Text verändern

1 Verändere den Text.

a) Lies den Text Satz für Satz.

b) Finde das erste Nomen in der Wörterliste
(= Hubschrauber).

c) Ersetze das Nomen durch
das dritte darauf folgende Nomen
in der Wörterliste (= Igel).

d) Verfahre so mit allen Nomen des Textes.
Passe das Nomen richtig an den Text an.

e) Unterstreiche die ersetzten Wörter.

Heft 3, Seite 7 ①
Igel brauchen keinen Stift
wie ein …

die **Höh|le**, die Höhlen
die **Ho|se**, die Hosen
der **Hub|schrau|ber**, die Hubschrauber
der **Hund**, die Hunde
hun|dert
hüp|fen, sie hüpfte, er ist gehüpft,
ich werde hüpfen

I i

die **Idee**, die Ideen
der **Igel**, die Igel

Hubschrauber brauchen keine Startbahn wie ein normales
Flugzeug. Sie können senkrecht starten und landen, rückwärts
oder seitwärts fliegen und sogar in der Luft stehen bleiben.
Hubschrauber werden deshalb vor allem im Rettungsdienst
eingesetzt. Bei einem Verkehrsunfall können sie direkt am
Unfallort landen und Verletzte in ein Krankenhaus bringen.

2 Suche dir selbst einen kurzen Text und verändere ihn.

a) Schreibe den Text ab und ersetze die Nomen im Text wie in ①.

b) Lass ein anderes Kind den Text entschlüsseln.

c) Sammelt eure Texte an einer Wandzeitung.

Ein Mehl gehört nicht zu den Schweizern.

Ein Meerschweinchen gehört nicht zu den Schweinen.

> **So schreibst du eine Pingpong-Geschichte:**
> 1. Suche dir ein Partnerkind. Entscheidet, wer beginnt.
> 2. Das erste Kind schreibt einen Satz auf.
> 3. Das zweite Kind schreibt einen Fortsetzungssatz.
> 4. Ergänzt eure Geschichte immer abwechselnd, ohne dabei zu sprechen.

1 Suche dir ein Partnerkind.
Schreibt gemeinsam
eine Pingpong-Geschichte.

Heft 3, Seite 8 ①
...

2 Lest anderen Kindern eure Geschichte vor.

3 Sammelt Zeitungen und Zeitschriften.
Schneidet aus Überschriften und Werbeseiten einige Wörter aus.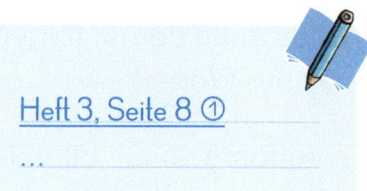
Bildet aus den Wörtern lustige, spannende oder unsinnige Sätze.
Stellt aus mehreren Sätzen eine Geschichte zusammen
und klebt sie auf ein Blatt.

2 Merkmale einer E-Mail kennen lernen

1 Ordne die Wörter den Erklärungen zu.

| Header | carbon copy (= Kopie der Mail an einen weiteren Empfänger) |

| E-Mail | blind carbon copy (= Blindkopie der Mail an weitere, für andere unsichtbare, Empfänger) |

| Betreff | Kopfzeile einer E-Mail, in der Hinweise auf Absender, Empfänger und Datum stehen |

| Cc |

| | electronic mail (= elektronische Post) |

| Bcc | Anliegen einer schriftlichen Nachricht |

Heft 3, Seite 9 ①
Header: Kopfzeile einer E-Mail,
in der Hinweise auf Absender,
Empfänger und Datum stehen
…

Von: Lola
Betreff: …
Datum: 22. August 2011 14:55:50 MESZ
Cc: …
Bcc: …
An: Cornelsen Verlag

Liebe …

2 Ordne die Betreffzeilen den E-Mails zu
oder finde selbst eine Betreffzeile.
Schreibe Betreffzeile und Nummer in dein Heft.

Betreff: Verabredung zum Schwimmen

Betreff: Projekt Wale

Betreff: …

Heft 3, Seite 9 ②
1 = Betreff: …
2 =
…

1

Liebe Lisa,
wollen wir heute
Nachmittag um 15 Uhr
ins Freibad gehen?

Viele Grüße
Tim

2

Liebe Jule,
möchtest du am Samstag
bei mir übernachten?
Frage mal deine Eltern,
ob du darfst.

Herzliche Grüße von
Antonia

3

Hallo Marie,
wollen wir zusammen
in die Bücherei gehen
und nach Walbüchern
schauen?

Viele Grüße
Lea

2. Anredepronomen finden und unterscheiden

Ich unterscheide höfliche und persönliche (freundschaftliche) Anredepronomen.
Höfliche Anredepronomen schreibe ich **groß** (Sie, Ihr, Ihre, Ihrem …).
Ich verwende sie, wenn ich an Fremde oder Erwachsene schreibe.
Persönliche Anredepronomen (du, dein, dir, dich, euch …) benutze ich,
wenn ich an Freunde und Verwandte schreibe.
Ich kann sie **groß- oder kleinschreiben**.

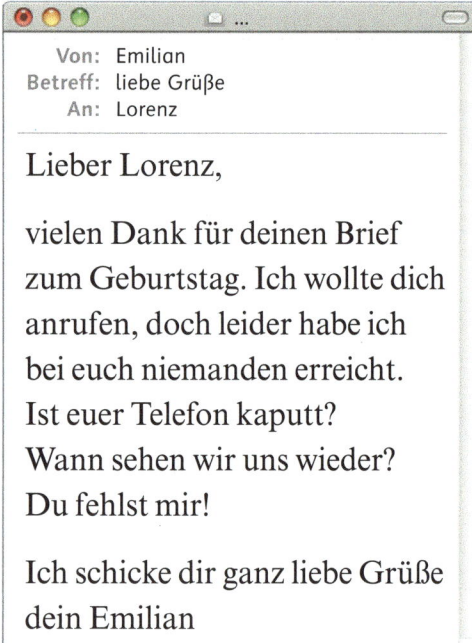

Von: Emilian
Betreff: liebe Grüße
An: Lorenz

Lieber Lorenz,

vielen Dank für deinen Brief
zum Geburtstag. Ich wollte dich
anrufen, doch leider habe ich
bei euch niemanden erreicht.
Ist euer Telefon kaputt?
Wann sehen wir uns wieder?
Du fehlst mir!

Ich schicke dir ganz liebe Grüße
dein Emilian

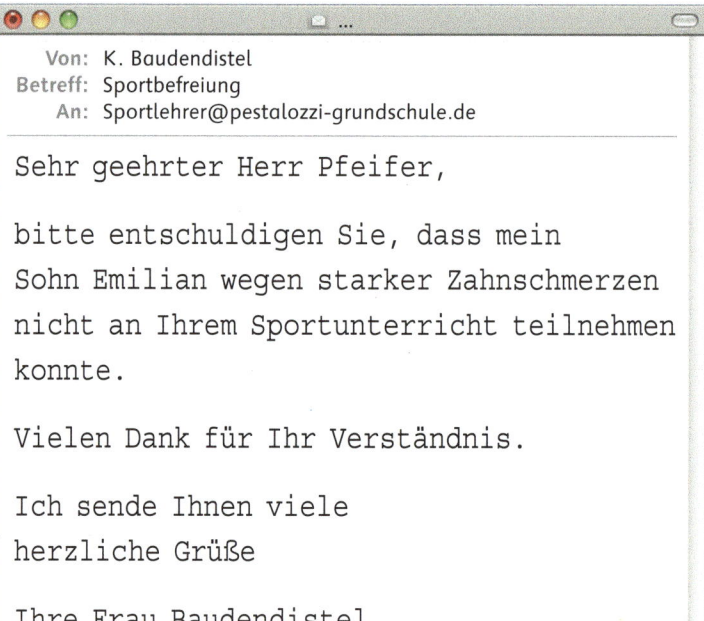

Von: K. Baudendistel
Betreff: Sportbefreiung
An: Sportlehrer@pestalozzi-grundschule.de

Sehr geehrter Herr Pfeifer,

bitte entschuldigen Sie, dass mein
Sohn Emilian wegen starker Zahnschmerzen
nicht an Ihrem Sportunterricht teilnehmen
konnte.

Vielen Dank für Ihr Verständnis.

Ich sende Ihnen viele
herzliche Grüße

Ihre Frau Baudendistel

---

1 Lies die E-Mails durch und achte auf Anredepronomen.
Zeichne eine Tabelle. Ordne die sieben persönlichen
und die fünf höflichen Anredepronomen richtig zu.

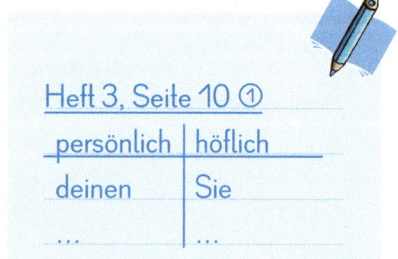

Heft 3, Seite 10 ①

persönlich	höflich
deinen	Sie
…	…

2 Schreibe zwei kurze Briefe, in denen du dich
für ein Geburtstagsgeschenk bedankst.

Heft 3, Seite 10 ②

…

a) Schreibe an deine Großeltern.
Benutze persönliche Anredepronomen.

b) Schreibe an jemanden aus deiner Nachbarschaft. Benutze höfliche Anredepronomen.

2 Abkürzungen entschlüsseln

Ich verschicke
Kurznachrichten (= SMS) mit dem Handy oder ich chatte.
Dabei verwende ich Smileys, z. B. :-), und
Abkürzungen, z. B. *sry*.

1 Decke die rechte Seite der Tabelle ab. Lies die Abkürzungen.
Überlege, was sie bedeuten. Kontrolliere deine Vermutung.

:-)	lachend, froh, glücklich		:-(	traurig, enttäuscht sein
:-*	verärgert, sauer sein		:-O	erstaunt sein
:-X	Kuss		8-o	Oh nein!
lol	laut lachen (laughing out loud)		*fudhuk*	fall um den Hals und knuddel
:-$	krank sein		*Will*	Was ist los?
l	lachen		*g*	grinsen
U	du (you)		*NM*	Nachmittag
sry	Entschuldigung (sorry)		*dwb*	dumm wie Brot
2L8	zu spät (too late)		*hdl*	hab dich lieb
HGW	Herzlichen Glückwunsch		*WE*	Wochenende
CU	Bis bald (see you)		*n8*	Nacht
LG	Liebe Grüße		*BB*	Tschüss (bye-bye)

2 Entschlüssle diese Nachrichten.

HI TIM!
KINO AM WE?
:-) LISA

8-O
BIN NICHT DA!
LG TIM

:-(
LISA

SEI NICHT :-*!
CU TIM

3 Schreibe eine Nachricht an ein anderes Kind
und verwende dabei mindestens drei Abkürzungen.

Heft 3, Seite 11 ③

……

2. Einen Bericht kennen lernen

Einen **Bericht** schreibst du in der 1. Vergangenheit (Präteritum). Schreibe sachlich, ohne Gefühle und wörtliche Rede.

Denke an die richtige zeitliche Abfolge.

1 Lies den Leitfaden zum Bericht genau durch.

Den Anlass als **Überschrift** verwenden:
Unfall in der Hauptstraße

Genauere W-Fragen beantworten:
Was? Auto fährt auf Kreuzung gegen 10-jähriges Kind mit Fahrrad
Wie? Autofahrer übersieht die rote Ampel
Warum? Autofahrer wird von Sonne geblendet

Bericht **überprüfen**:
• Zeitform: 1. Vergangenheit
• zeitliche Reihenfolge

Einleitende W-Fragen beantworten:
Wann? Samstag, 14. November, 14:23 Uhr
Wo? Freiburg, Kreuzung Steinstr./Hauptstr.
Wer? Beteiligte: Fahrradfahrer/Autofahrer
Zeugen: Tobias Müller, Hanna Schreiber

Einen **abschließenden Satz** schreiben:
Welche Folgen gab es?
Das Kind brach sich den linken Arm.
Das Fahrzeug hatte eine Delle.

2 Schreibe mithilfe der blauen Beispielwörter aus dem Leitfaden einen Unfallbericht.

Heft 3, Seite 12 ②
Unfall in der Hauptstraße
Am Samstag, den 14. November …
…

2. Einen Bericht schreiben

1 Vergleiche beide Texte mithilfe einer Tabelle.
Entscheide, welcher Text ein guter Bericht ist.

Gebrochener Arm im Sportunterricht (Text 1)

Kürzlich geschah ein Sportunfall. Ralf bricht
sich den Arm. Jetzt trägt er den Arm in Gips.
Er will über den Kasten springen, da passiert es!
Mit eigenen Augen sehe ich, wie er plötzlich
herunterfällt. „Oh nein!", rief ich. Mir wird
ganz schlecht vor Schreck. Ralf hat geschrien,
bis der Krankenwagen kam.

Gebrochener Arm im Sportunterricht (Text 2)

Am 17. Mai um 09.09 Uhr verunglückte
in der Turnhalle Ralf Schneider während
unserer Sportstunde.
Wir übten gerade das Springen über den Kasten. Ralf war an der Reihe und
lief schnell an. Als er sich auf dem Kasten mit beiden Händen abstützen wollte,
rutschte er ab. Er stürzte kopfüber herunter und prallte heftig mit dem rechten
Arm auf die Turnmatte. Unter Tränen klagte
er über starke Schmerzen im Unterarm. Herr Schweikert legte ihn vorsichtig
in die stabile Seitenlage und rief sofort den Krankenwagen an.
Im Krankenhaus wurde festgestellt, dass Ralf sich den rechten Unterarm
gebrochen hat.

Heft 3, Seite 13 ①

	Text 1	Text 2
Wann?	–	✓
Wo?		
Wer?		
Was?		
Wie?		
Warum?		
Reihenfolge		
Sachlichkeit		
Zeitform: Präteritum		
Wörtliche Rede		

2 Nimm einen Zettel.

a) Schreibe mithilfe des Leitfadens von Seite 12
einen Bericht zum Thema Unfall oder Ausflug
oder zu einem Thema deiner Wahl.

b) Stelle deinen Bericht in einer
Wandzeitung aus.

3 Eine Erlebnisgeschichte planen

Eine **Erlebnisgeschichte** schreibst du in der 1. Vergangenheit (Präteritum). Denke an die wörtliche Rede.

> Verwende abwechslungsreiche Satzanfänge und treffende Adjektive.

1 Lies den Leitfaden für das Schreiben einer Erlebnisgeschichte genau durch.

Ein **Thema** finden:
ein Erlebnis aus den Ferien,
mit Freunden, in der Schule, ...

Im **Hauptteil** ausführlich und spannend erzählen, **was** passiert:
- Einzelheiten schildern
- einen **Höhepunkt** schreiben
- Gefühle der Personen benennen

Eine passende **Überschrift** finden:
- neugierig machen
- nicht zu viel verraten

Die W-Fragen in der **Einleitung** beantworten:
Wer spielt bei diesem Erlebnis eine Rolle?
Wann war das Erlebnis?
Wo ist es passiert?

Im **Schluss** knapp schreiben, wie die Geschichte endet.

Erlebnisgeschichte **überprüfen**:
- Zeitform: 1. Vergangenheit
- abwechslungsreiche Satzanfänge
- treffende Adjektive

2 Plane eine Geschichte.

a) Schreibe Stichwörter in dein Heft:
- Wer kommt in deiner Geschichte vor?
- Wo spielt deine Geschichte?
- Wann spielt die Geschichte?

b) Schreibe mithilfe deiner Stichwörter eine Einleitung.

Heft 3, Seite 14 ②
a) Wer? ...
   Wo? ...
   Wann? ...
b) ...

3 Eine passende Überschrift finden

> Die **Überschrift** einer Geschichte ist sehr wichtig. Sie soll den Leser neugierig machen und darf gleichzeitig nicht zu viel verraten.

1 Lies Janas Erlebnis.
Schreibe alle passenden Überschriften in dein Heft.

Heft 3, Seite 15 ①
...

| Grillfest ohne Würstchen | Wie Schnuffel alle Steaks klaute |

| Der Grill, die Würstchen und der Hund | Das nervige Handy |

Wie jedes Jahr feierten wir auch in diesem Sommer ein Sommerfest im Garten. Der Grillmeister war mein Onkel Peter. Er legte die Würstchen und das Fleisch auf den Grill. Auf einmal klingelte sein Handy. Onkel Peter nahm den Anruf an und lief in Richtung des Hauses, um ungestört zu telefonieren. Keiner merkte, dass der Grill unbewacht war. Auf diese Gelegenheit hatte unser Hund Schnuffel nur gewartet. Der Frechdachs klaute alle Würstchen vom Grill. Als meine Mutter das sah, rannte sie kreischend und mit den Armen rudernd herbei.
Aber sie kam zu spät.

Jana, 10 Jahre

2 Finde selbst eine passende Überschrift zur Geschichte aus ❶ und schreibe sie auf.

Heft 3, Seite 15 ②
...

3

3 Ein Erlebnis spielen

1 Suche drei andere Kinder, mit denen du die Geschichte von Seite 15 spielen willst.

a) Lest gemeinsam die Geschichte nochmals durch.

b) Verteilt die Rollen: ein Erzähler, Onkel Peter, die Mutter, der Hund

c) Überlegt gemeinsam:

Was sagen die Personen?
- der Erzähler als Erklärung
- Onkel Peter, als das Handy klingelt
- die Mutter, als sie den Hund sieht
- …

Was tun die Personen (= Handlungen und Gesten) und welche Gefühle zeigen sie?
- Der Onkel baut den Grill auf, schüttet Kohle auf den Grill, macht Feuer und legt die Würstchen darauf.
- Der Onkel ist genervt, als das Handy klingelt. Er schüttelt den Kopf. …
- …

d) Schreibt eure Überlegungen als Spielszene auf.

> Erzähler: Wie jedes Jahr im Sommer …
> Der Onkel baut den Grill auf, schüttet Kohle auf den Grill, macht Feuer
> und legt die Würstchen darauf.
> Erzähler: Klingeling! Klingeling!
> Onkel Peter (schaut genervt, seufzt): Das kann ja wohl nicht wahr sein. …
> …

2 Spielt die Geschichte eurer Klasse vor.

3. Den Höhepunkt erkennen

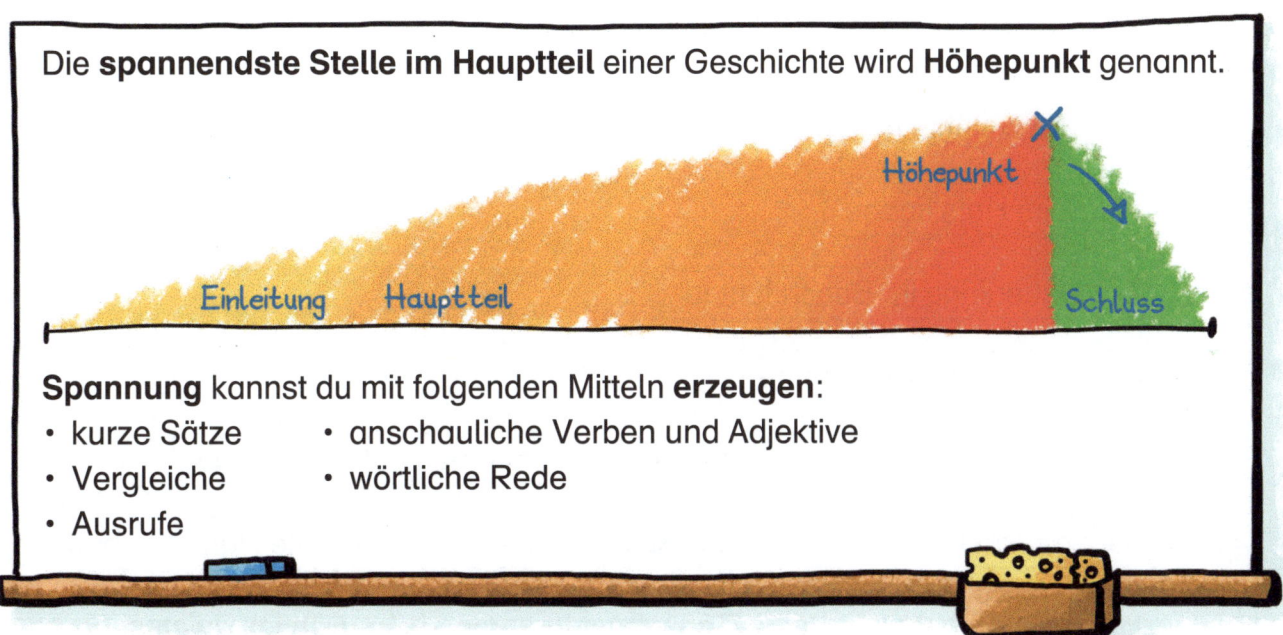

Die **spannendste Stelle im Hauptteil** einer Geschichte wird **Höhepunkt** genannt.

Höhepunkt

Einleitung   Hauptteil   Schluss

Spannung kannst du mit folgenden Mitteln **erzeugen**:

- kurze Sätze
- Vergleiche
- Ausrufe
- anschauliche Verben und Adjektive
- wörtliche Rede

---

1 Finde in beiden Geschichten den Höhepunkt und schreibe die Zeilennummern in dein Heft.

Heft 3, Seite 16 ①
Text 1, Zeile …
Text 2, Zeile …

---

1 … Nun waren wir mit dem Segelboot
richtig weit draußen auf dem Meer.
Wir bemerkten bislang nicht, dass der Wind
immer stärker wurde. Plötzlich kam eine
5 heftige Windböe und eine hohe Welle
schwappte über das Boot. Sie erfasste Peter
und riss ihn mit sich ins Meer. Ich schrie:
„Ich sehe Peter nicht!" Marlene fing an
zu weinen und glaubte ihren Bruder
10 für immer verloren zu haben. Auf einmal
hörten wir einen lauten Hilferuf. Peter war
hinter uns aufgetaucht und klammerte sich
am Bootsrand fest …

2 … ich lief durch den stock-
dunklen Flur, da ich dringend
auf die Toilette musste.
Mit einem Mal hüpfte eine weiße
5 Gestalt hinter dem Schrank
hervor. Ich hörte ein lautes
Klirren. Ich erschrak zu Tode
und schrie so laut ich konnte:
„Hilfe!" Mein Herz klopfte.
10 Da ging das Licht an …

---

2 Schreibe auf, welche Wörter den Höhepunkt in den beiden Geschichten ankündigen.

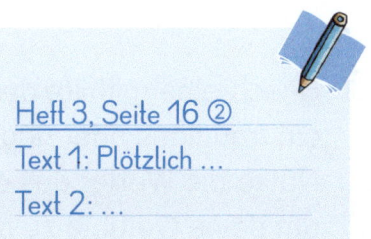

Heft 3, Seite 16 ②
Text 1: Plötzlich …
Text 2: …

3 Gefühle zuordnen

1. Lies die Textstreifen.
Zeichne eine Tabelle in dein Heft
und ordne die Gefühle richtig ein.

Heft 3, Seite 18 ①		
Angst	Freude	beides
einen Kloß im Hals haben		
...		

einen Kloß im Hals haben

Schmetterlinge im Bauch fühlen

grinsen wie ein Honigkuchenpferd

schaudern   Hände und Knie zittern   himmelhoch jauchzend

Das Herz rutscht in die Hose.   Die Stimme versagt.   feuchte Hände haben

Herzklopfen haben   eine Gänsehaut bekommen   fröhlich quietschen

2. Ergänze die Tabelle aus ① in deinem Heft
durch mindestens drei weitere Beispiele.

Heft 3, Seite 18 ②

...

3. Beschreibe mithilfe des Leitfadens von Seite 14
ein freudiges oder angsterfülltes Erlebnis.
Nutze die Wörter aus deiner Tabelle,
um deine Gefühle zu beschreiben.

Heft 3, Seite 18 ③

...

3 Eine Erlebniserzählung schreiben

1 Schreibe mithilfe des Leitfadens von Seite 14 eine Erlebnisgeschichte. Wähle aus den folgenden Angeboten eines aus
oder verwende eine eigene Idee.

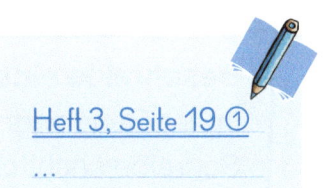
Heft 3, Seite 19 ①
...

Mein lustigster Streich

Mein bester Freund und ich

Mein schönstes
Ferien-
erlebnis

Als ich einmal vor Lachen
Bauchschmerzen hatte

2 Suche dir für eine
Schreibkonferenz
mindestens zwei
Kinder, mit denen
du deine Geschichte
überarbeitest.

Ich habe noch eine Frage zu …

Ich achte auf die Satz-anfänge.

Ich achte auf die richtige Zeitform!

3 Sammelt eure
Geschichten
in einem Klassen-
Geschichtenbuch.

4 Einen Gegenstand genau beschreiben

Beschreibe einen Gegenstand
in der Gegenwart (Präsens).
Schreibe sachlich und genau,
ohne Gefühle und wörtliche Rede.

Verwende treffende Wörter und anschauliche Adjektive.

1 Lies den Leitfaden für die Beschreibung eines Gegenstandes genau durch.

Gegenstand **genau bezeichnen**:
Sporttasche, Füller …

Einzelteile oder Zweck **genau benennen**:
Umhängegurt,
Extrafach für Schuhe,
silberne Kappe …

Gegenstand **genau beschreiben**:
Form: rund, eckig, spitz …
Größe: groß wie ein Tennisball,
                      winzig …
Farbe: rot gestreift, hellgrün …
Material: Kunststoff, Leder,
                      Plastik, Holz, Draht …
Besonderheit: Aufkleber an der Seite,
                      Kratzer auf der Kappe,
                      Namensschild …

Beschreibung **überprüfen**:
• Zeitform: Gegenwart
• treffende Wörter
• ausreichend anschauliche Adjektive

2 Wähle einen Gegenstand im Klassenraum.
Beschreibe ihn ganz genau, ohne den Namen
des Gegenstandes zu nennen.
Lass ein Partnerkind den Gegenstand
mithilfe deiner Beschreibung finden.

Heft 3, Seite 20 ②
Mein Gegenstand hat einen
Reißverschluss und zwei
Tragegriffe. Er ist eckig. …

3

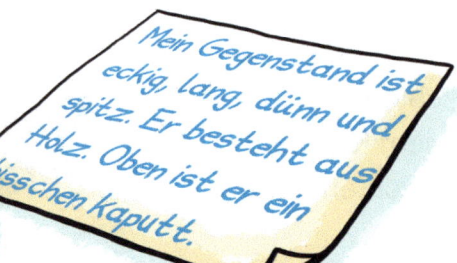

Mein Gegenstand ist
eckig, lang, dünn und
spitz. Er besteht aus
Holz. Oben ist er ein
bisschen kaputt.

4 Treffende Wörter finden

Ich verwende bei einer **Gegenstandsbeschreibung**
- **genaue Bezeichnungen**, z. B. Fachwörter,
- **anschauliche Adjektive** zur genauen Beschreibung,
- **treffende Verben** zur genauen Beschreibung der Funktion.

So kann sich jemand ein ganz genaues Bild von dem Gegenstand machen.

1 Finde genauere Bezeichnungen für diese Nomen.
Schreibe mindestens drei weitere Begriffe in dein Heft.

| Trinkgefäß | Schreibwerkzeug | Schuh | Tasche |

Heft 3, Seite 21 ①
Trinkgefäß = Becher, Tasse, …
…

2 Finde zu jedem Adjektiv mindestens zwei weitere
anschauliche Adjektive zur genaueren Beschreibung.

a) alt: uralt …   b) gelb: sonnengelb …

c) grün: froschgrün …   d) groß: gigantisch …

e) klein: winzig …   f) gemustert: kariert …

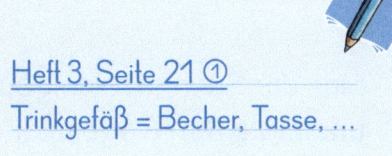

Heft 3, Seite 21 ②
a) alt: uralt, abgenutzt,
        gebraucht …
b) …

3 Beschreibe kurz die Gegenstände.
Benutze treffende Wörter.

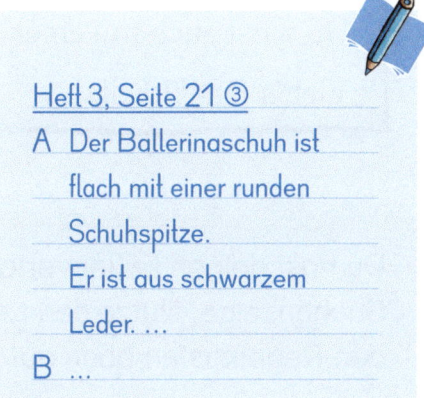

Heft 3, Seite 21 ③
A Der Ballerinaschuh ist
   flach mit einer runden
   Schuhspitze.
   Er ist aus schwarzem
   Leder. …
B …

A

B

C

D

4 Eine Anzeige schreiben

In einer **Suchanzeige** stehen neben der genauen Beschreibung
des gesuchten Gegenstandes auch diese Informationen:

Wer hat den Gegenstand verloren? Felix
Wo ging der Gegenstand verloren? im Schulhaus
Wann ging der Gegenstand verloren? letzten Donnerstag
Bei wem/Wo kann der gefundene
Gegenstand abgegeben werden? in der Klasse 4 b

1 Lies die Suchanzeige genau durch
und male den Gegenstand in dein Heft.

Heft 3, Seite 22 ①

...

Rote Sporttasche vermisst!

Letzten Donnerstag habe ich meine Sporttasche im Schulhaus verloren.
Diese quaderförmige Tasche ist aus einem roten Stoff genäht. Ein Segelboot
ziert die Vorderseite. Über dem Aufdruck befindet sich an der oberen Seite
ein grüner Reißverschluss. Auf dem weißen Trageband steht in großen
schwarzen Druckbuchstaben mein Name: FELIX. In meiner Sporttasche sind
schwarz-gelbe Turnschuhe, eine kurze, blaue Hose und ein weißes T-Shirt.
Falls du die Tasche findest, gib sie bitte in der Klasse 4 b ab.
Du wirst auch mit einer Packung Gummibärchen belohnt!

Vielen Dank! Felix

---

2 Du hast deinen Füller verloren. Schreibe eine
Suchanzeige. Nutze den Leitfaden von Seite 20 und
den Regelkasten oben auf dieser Seite.

Heft 3, Seite 22 ②
Füller der Marke ... verloren!

...

Wann verloren? Was? Form?

Wer? Material? Wo? Größe? Besonderheiten?

Marke? Wo abgeben? Farbe?

4 Beschreibungen miteinander vergleichen

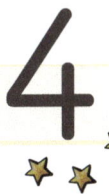

1 Lies die beiden Beschreibungen von Oliver und Gina sorgfältig durch.

a) Zeichne die vermissten Gegenstände in dein Heft.

b) Schreibe auf, was dir auffällt.

Heft 3, Seite 23 ①
a) ...
b) ...

1

Mäppchen gesucht!

Seit dem Unterricht am Freitag in der Schule fehlt mein Mäppchen. Mein Mäppchen ist blau und viereckig. Außen sind Nilpferde drauf. Am Reißverschluss hängt ein kleiner Fußball. An den Ecken ist es ein bisschen kaputt. Ich besitze einen Lamy-Füller und bunte Filz- und Holzfarbstifte. Es befinden sich weder Radierer noch Spitzer darin. Mein Geodreieck und ein Foto von Gina befinden sich in der äußeren Plastikhülle.

Wer es findet, soll sich bei mir melden: Oliver Blau, Klasse 4c

---

2

Mäppchen gesucht!

Mein schönes Mäppchen fehlte. Meine Oma hatte es mir zu meinem 10. Geburtstag geschenkt. Sie sagte: „Pass gut darauf auf!" Mein Mäppchen lag eigentlich immer in meinem Schulranzen oder auf einem Tisch, wenn ich schrieb. Es war rot und hatte einen Reißverschluss. Den Spitzer habe ich schon vor längerer Zeit verloren. Das war ja auch so ärgerlich! Am Wochenende wollte ich meinen Stundenplan hineinlegen.

Bitte findet es. Gina.

---

2 Überprüfe mithilfe des Leitfadens von Seite 20 und der Regeln von Seite 22, was Gina bei ihrer Beschreibung nicht beachtet hat. Gib Gina mindestens vier Tipps, wie sie ihre Suchanzeige verbessern kann.

Heft 3, Seite 23 ②
Es fehlt die Angabe, wo Gina das Mäppchen verloren hat.
...

3 Beschreibe das abgebildete Federmäppchen. Du kannst Olivers Beschreibung als Hilfe nutzen.

Heft 3, Seite 23 ③
...

5. Einen Text zusammenfassen

Eine **Zusammenfassung**
schreibst du mit eigenen Worten
in der Gegenwart (Präsens).
Achte auf die zeitliche Reihenfolge.

Schreibe sachlich,
ohne Gefühle und
wörtliche Rede.

1 Lies den Leitfaden für eine Textzusammenfassung genau durch.

Text **genau lesen**:
· mindestens zwei Mal
· unbekannte Wörter nachschlagen

Stichwörter aufschreiben:
· 2–3 pro Abschnitt

Einen **einleitenden Satz** schreiben:
· Art des Textes, Titel und Autor
  nennen
· Thema des Textes in einem Satz
  zusammenfassen
  Die Fabel „Der Löwe und die Maus"
  von Aesop erzählt …

In einem **Hauptteil** das Wichtigste
in eigenen Worten schreiben:
· den Ort nennen
· Personen nennen
· deine Stichwörter in kurze Sätze
  umwandeln

Zusammenfassung **überprüfen**:
· Zeitform: Gegenwart
· zeitliche Reihenfolge
· sachlich, ohne wörtliche Rede
· eigene Worte

2 Lies den Text auf Seite 25 genau. Kläre unbekannte Wörter.

3 Schreibe zu jedem Abschnitt zwei bis drei Stichwörter auf.
Verbinde sie mit einem roten Faden.
Erzähle den Inhalt des Textes mithilfe deiner
Stichwörter einem anderen Kind.

Heft 3, Seite 24 ③

…

> Das ist eine Fabel.
> Eine Fabel ist eine kurze Geschichte, in der Tiere wie Menschen handeln. Die Leser können sich in der Fabel wiedererkennen und daraus etwas lernen.

Der Löwe und die Maus

Ein Löwe schlief. Eine Maus kam herbei und dachte:
„Das ist ein Berg!", und huschte auf dem Löwen herum.
Der Löwe spürte ein Kitzeln. Er wachte auf. Blitzschnell packte er die Maus,
hielt sie in seiner Pranke fest und sagte: „Jetzt will ich dich fressen."
„Warum?", piepte die Maus. „Ich bin so klein, dass du von mir nicht satt wirst.
Aber wenn du mich nicht frisst, dann kann ich dir vielleicht eines Tages helfen!"
Der Löwe musste lachen: „Du – mir helfen!"
Aber der Löwe ließ die Maus laufen und vergaß sie.

Bald fingen Jäger den Löwen und fesselten ihn mit dicken Stricken an einen Baum.
Dann liefen sie weg, um einen Käfig zu holen. Der Löwe brüllte auf und
spannte seine Muskeln, aber er konnte die Stricke nicht zerreißen.
Müde warf sich der Löwe auf den Boden und gab alle Hoffnung auf.

Plötzlich spürt er, wie ihn etwas kitzelte. Mit einem Satz sprang die Maus
vor seine Nase: „Was für schöne Stricke zum Zernagen! Gut, dass ich noch lebe
und dir helfen kann, mein Freund!" Sofort begann die Maus zu nagen.
Sie nagte und nagte mit ihren scharfen Zähnen, bis die Stricke rissen.
Der Löwe dankte der Maus und sagte: „Das war ein Glückstag,
als ich dich nicht fraß! Komm mit!"

Aesop

1 Zeichne eine Tabelle in dein Heft.
Finde in der Fabel mindestens zehn Verben
in der Vergangenheit (Präteritum).
Schreibe die Gegenwartsform (Präsens) dazu.

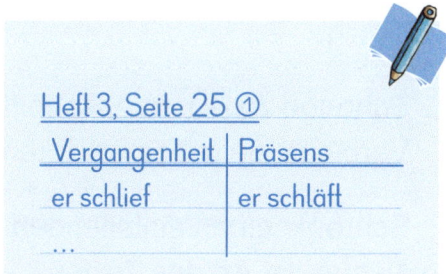

Heft 3, Seite 25 ①

Vergangenheit	Präsens
er schlief	er schläft
...	

2 Schreibe einen einleitenden Satz für eine Zusammenfassung des Textes, der oben auf dieser Seite steht.
Nenne die Art des Textes, den Titel und den Autor.

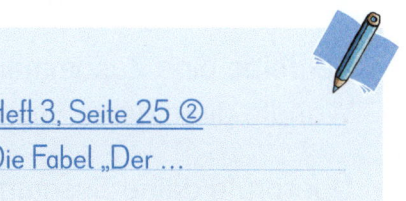

Heft 3, Seite 25 ②

Die Fabel „Der ...

1 Nutze den Leitfaden für eine Textzusammenfassung von Seite 24.

a) Lies dir das Märchen genau durch. Schlage unbekannte Wörter nach.

Der süße Brei

Es war einmal ein armes, braves Mädchen, das lebte mit seiner Mutter allein, und sie hatten nichts mehr zu essen. Da ging das Kind hinaus in den Wald, und begegnete ihm da eine alte Frau, die wusste seinen Jammer schon und schenkte ihm ein Töpfchen, zu dem sollte es sagen: „Töpfchen, koche", so kochte es guten, süßen Hirsebrei, und wenn es sagte: „Töpfchen, steh", so hörte es wieder auf zu kochen.

Das Mädchen brachte den Topf seiner Mutter heim, und nun waren sie ihrer Armut und ihres Hungers ledig und aßen süßen Brei, sooft sie wollten. Auf eine Zeit war das Mädchen ausgegangen, da sprach die Mutter: „Töpfchen, koche", da kochte es, und sie aß sich satt; nun wollte sie, dass das Töpfchen wieder aufhören solle, aber sie wusste das Wort nicht. Also kochte es fort, und der Brei stieg über den Rand hinaus und kochte immerzu, die Küche und das ganze Haus voll und das zweite Haus und dann die Straße, als wollt's die ganze Welt satt machen, und war die größte Not, und kein Mensch wusste sich da zu helfen.

Endlich, wie nur noch ein einziges Haus übrig war, da kam das Kind heim und sprach nur: „Töpfchen, steh", da stand es und hörte auf zu kochen, und wer wieder in die Stadt wollte, der musste sich durchessen.

Brüder Grimm

b) Schreibe zu jedem Abschnitt zwei bis drei Stichwörter auf. Verbinde sie mit einem roten Faden.

Heft 3, Seite 26 ① b)
– armes Mädchen
– ...

c) Schreibe einen einleitenden Satz. Nenne die Art des Textes, den Titel und den Autor.

d) Schreibe eine Zusammenfassung. Wandle dazu deine Stichwörter in kurze Sätze um.

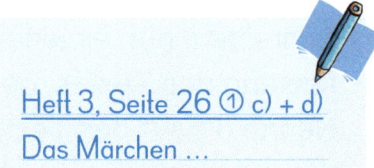
Heft 3, Seite 26 ① c) + d)
Das Märchen ...

e) Überprüfe deine Zusammenfassung.

1 Suche dir ein Partnerkind. Überprüft Joschis Zusammenfassung als **Aufbauexperte** und als **Ausdrucksexperte**.

Gibt es einen einleitenden Satz? Stimmt die zeitliche Reihenfolge?

Stehen die Verben in der Gegenwart? Ist die Zusammenfassung sachlich, ohne wörtliche Rede? Ist die Zusammenfassung mit eigenen Worten geschrieben?

Zusammenfassung von Joschi:

Der süße Brei ist ein Märchen der Brüder Grimm. Die Geschichte handelt von einem verzauberten Topf, der auf Kommando Brei kochen kann.
Ein armes Kind bettelte für sich und seine Mutter um Essen. Eine alte Frau sagt: „Ich schenke dir einen Zaubertopf, der auf das Kommando: ‚Töpfchen, koch‘, süßen Hirsebrei zubereitet und bei den Worten: ‚Töpfchen, steh‘, wieder damit aufhört.“
Von da an mussten sie nie wieder hungern.
Als das Mädchen ausging, befahl die Mutter dem Topf Brei zu kochen. Den zweiten Spruch wusste sie nicht mehr, und er hörte also nicht wieder damit auf. Die ganze Stadt war bereits unter Brei begraben, als das Kind nach Hause kam.
Alle Kinder der Stadt fanden das lustig.

2 Schreibt für Joschi auf, was schon gut war und was er noch überarbeiten sollte.

Heft 3, Seite 27 ②
Das war schon gut: …
Das sollte noch überarbeitet werden: …

6. Eine Fantasiegeschichte schreiben

Eine **Fantasiegeschichte** schreibst du in der 1. Vergangenheit (Präteritum). Erzähle aus der Sicht einer Person.

> Schreibe ausführlich und fantasievoll.

1 Lies den Leitfaden für das Schreiben einer Fantasiegeschichte genau durch.

Eine **Schreibidee** bekommen durch Zeitungsüberschriften, Bilder, Fotos, Textanfänge …

Eine **Einleitung** schreiben, die folgende W-Fragen kurz beantwortet:
Wer spielt mit?
sprechende Autos, fliegende Fahrräder …
Wann spielt die Geschichte?
zur Niemandszeit, vor 1000 Jahren, im Jahr 2217 …
Wo spielt die Geschichte?
auf dem Mars, in einem Mauseloch …

Im **Hauptteil** ausführlich schreiben, was passiert:
• wörtliche Rede nutzen
• abwechslungsreiche Satzanfänge verwenden
• Gefühle schildern
• einen **Höhepunkt** schreiben

Im **Schluss** knapp schreiben, **wie** die Geschichte endet:
Nächstes Jahr werde ich wieder …

Eine passende **Überschrift** finden:
Meine Reise zum Mars

Die Geschichte **überprüfen**:
• Zeitform: 1. Vergangenheit
• Aufbau: Überschrift, Einleitung, Hauptteil mit Höhepunkt, Schluss

2 Schreibe eine Einleitung für eine Fantasiegeschichte mit der Überschrift *„Die verzauberte Milch"*.
Verwende die folgenden Angaben:
Wer? ein mürrischer Bauer, aufgeregte Kühe und eine freche Maus
Wann? abends nach dem Melken
Wo? auf einem großen Bauernhof mit Kuhstall, Scheune und Heuboden

Heft 3, Seite 28 ②
…

6. Den Hauptteil aus einer Sichtweise schreiben

> Eine Geschichte kann, je nachdem, von wem sie erzählt wird, ganz unterschiedlich geschildert werden (= **Sichtweisen** der Beteiligten):
> der mürrische Bauer …, die aufgeregten Kühe …, die freche Maus …

1 Ordne die verschiedenen Sichtweisen richtig zu.

freche Maus

mürrischer Bauer

aufgeregte Kühe

Heft 3, Seite 29 ①
A = …
…

A	B	C
Heute war mal wieder ein furchtbarer Tag. Meine Kühe regten mich so auf. Diese zappeligen Biester. Ich schrie sie an: „Wenn ihr weiterhin so wenig Milch gebt, dann soll euch der Blitz treffen!" Und plötzlich …	Heute war ein grässlicher Tag. Beim Melken kitzelte uns diese freche Maus ständig an den Beinen. Wir konnten uns überhaupt nicht auf unsere Milch konzentrieren. Der Bauer …	Heute war ein wunderbarer Tag. Als Erstes ging ich in den Stall zu den doofen Kühen und kitzelte sie ordentlich an den Beinen. Sie stampften deshalb beim Melken furchtbar herum, sodass der Bauer …

2 Schreibe die Fantasiegeschichte von Seite 28 weiter.

a) Lies zunächst deine Einleitung noch einmal durch.

Heft 3, Seite 29 ②
…

b) Suche dir eine Sichtweise aus und schreibe einen Hauptteil. Die Anregungen aus **1** können dir helfen.

c) Lies deine Geschichte einem anderen Kind vor.

6 Einen Schluss schreiben

> Beachte beim Schreiben des **Schlusses**:
> - Die **Spannung lässt nach**.
> - Der Schluss **rundet** die Geschichte **ab**, es gibt ein **Ergebnis**, z. B. die Lösung eines Problems, bei der gezeigt wird, was die Person gelernt hat oder jetzt fühlt.

1 Finde die sechs Schlusssätze.

a) Notiere die Buchstaben. In der richtigen Reihenfolge ergeben sie ein Lösungswort.

Heft 3, Seite 30 ①
G ...

b) Ergänze mindestens zwei eigene Beispiele für Schlusssätze.

E So etwas konnte wirklich nur mir passieren.

T Alles begann an einem regnerischen Morgen.

LO Als er heute Morgen aus dem Bett stieg, ahnte der Bauer, dass dieser Tag furchtbar werden würde.

BI Eines schönen Tages, als die Kühe gerade ihr Futter malmten, ging die Stalltür auf.

SCH Beruhigt legte er sich ins Bett und schlief ein.

A Eines schönen Morgens ging ich in den Stall.

I Dieser Tag würde ihnen noch lange in Erinnerung bleiben.

G Ende gut – alles gut.

TE Endlich waren alle zufrieden.

CH Zum Glück war nichts weiter passiert.

2 Lies noch einmal die Einleitung und den Hauptteil deiner Bauernhofgeschichte. Schreibe dazu einen passenden Schluss. Achte auf die Regeln im Kasten.

3 Suche dir für eine Schreibkonferenz mindestens zwei Kinder, mit denen du deine Geschichte überarbeitest.

Ich habe noch eine Frage zu der Überschrift.

Ich achte auf den Höhepunkt und den Schluss.

Ich achte auf die richtige Zeitform und die wörtliche Rede.

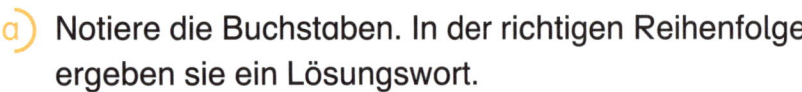

6 Fantasiegeschichten anregen

1 Betrachte die Bilder genau.
Überlege, was du tust,
was du denkst und was du fühlst.
Schreibe zu jedem Bild
mindestens drei Sätze in dein Heft.
Die Fragen können dir helfen.

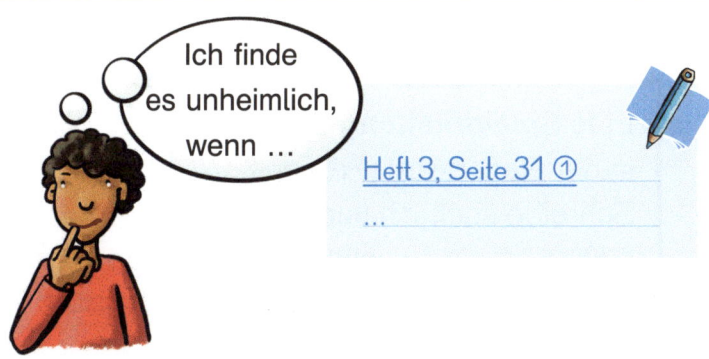

Ich finde es unheimlich, wenn …

Heft 3, Seite 31 ①

…

Stell dir vor, du bist auf dem Mars gelandet.
Wie sieht es dort aus?
Wer könnte dort leben?
Was ist mit deinem Raumschiff?

Stell dir vor, du bist in einem Zaubergarten.
Wer ist dort?
Wie sieht es dort aus?
Ist es dort gefährlich?

Stell dir vor, du bist unsichtbar.
Was tust du?
Was tun Personen, die du triffst?
Was kannst du noch tun?

2

Ich habe auch eine tolle Idee.

Eine **Spielanleitung** schreibst du
in der Gegenwart (Präsens).
Schreibe sachlich und genau.
Denke an eine sinnvolle Reihenfolge.

Verwende abwechslungsreiche Satzanfänge.

1 Lies den Leitfaden für das Schreiben einer Spielanleitung genau durch.

Eine **Mindmap** (Cluster) erstellen:

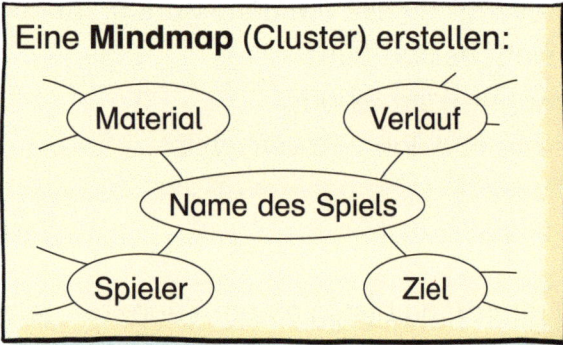

- Material
- Verlauf
- Name des Spiels
- Spieler
- Ziel

Einleitende **Informationen** geben:
- Name: „Mensch ärgere dich nicht"
- Ziel: Figuren als Erster
  ins Zielfeld bringen
- Mitspieler: 2–4
- Alter: ab 5 Jahre
- Spielmaterial: Brettspiel

Den **Spielverlauf** beschreiben:
- die Vorbereitung
- den Spielbeginn
- das Spielende
- die Regeln

Eine **Empfehlung** aussprechen
und die Wahl des Spiels begründen:
Ich spiele „Mensch ärgere dich nicht"
gerne, weil …

Spielanleitung **überprüfen:**
- Zeitform: Gegenwart
- vollständige Angaben
- abwechslungsreiche Satzanfänge

2 Schreibe in dein Heft alle einleitenden Informationen zu deinem Lieblingsspiel.

3

Mein Lieblingsspiel ist …

Das finde ich auch toll, weil …

7 Eine Mindmap zu einem Spiel erstellen

1 Lies die Spielanleitung genau durch.

Spielanleitung für „Mensch ärgere dich nicht"

„Mensch ärgere dich nicht" ist ein bekanntes, altes Gesellschaftsspiel von Josef Friedrich Schmidt. Es geht darum, alle vier Figuren als Erster ins Zielfeld zu bringen. Das Spiel ist für zwei bis vier Spieler ab fünf Jahren geeignet. Es gibt ein Spielbrett, 16 Spielfiguren und einen Würfel.

5 Jeder Spieler erhält vier Figuren in einer Farbe. Wer die höchste Zahl würfelt, beginnt. Jeder Spieler darf 3-mal würfeln. Wer eine Sechs hat, darf die erste Figur auf das Startfeld stellen. Danach kann man noch ein Mal würfeln und um die gewürfelte Zahl vorrücken. Jene Spieler, die bei der ersten Runde keine Sechs gewürfelt haben, müssen dann wieder 3-mal würfeln, bis sie

10 die erwünschte Zahl 6 würfeln.
Sobald man eine Figur auf der Startposition hat, gilt es diese so schnell wie möglich ins Ziel zu bringen. Wenn man wieder eine Sechs würfelt, muss man damit zuerst die restlichen Figuren aus der Startposition bringen und auf das Startfeld setzen. Erst wenn alle Figuren im Umlauf sind, kann man die Sechs

15 auch vorrücken.
Kommt man mit einer Figur auf ein Feld, auf dem bereits eine Figur steht, kann man diese hinauswerfen. Diese Spielfigur muss wieder auf die Anfangsposition zurück. Steht auf einem Feld, auf das man vorrücken möchte, eine eigene Figur, muss man den Zug mit einer anderen Figur machen, denn man kann sich nicht

20 selbst hinauswerfen.
Es müssen alle Spielfiguren in die Zielfelder gebracht werden, nachdem sie den vollen Kreis zurückgelegt haben. Dabei darf man die Figuren, die schon im Ziel sind, nicht überspringen, sondern jede Figur muss einzeln nachrücken, damit alle Spielfiguren auf den Zielfeldern Platz finden.

2 Zeichne die Mindmap (Cluster) in dein Heft und ergänze sie mit Informationen aus der Spielanleitung von **1**.

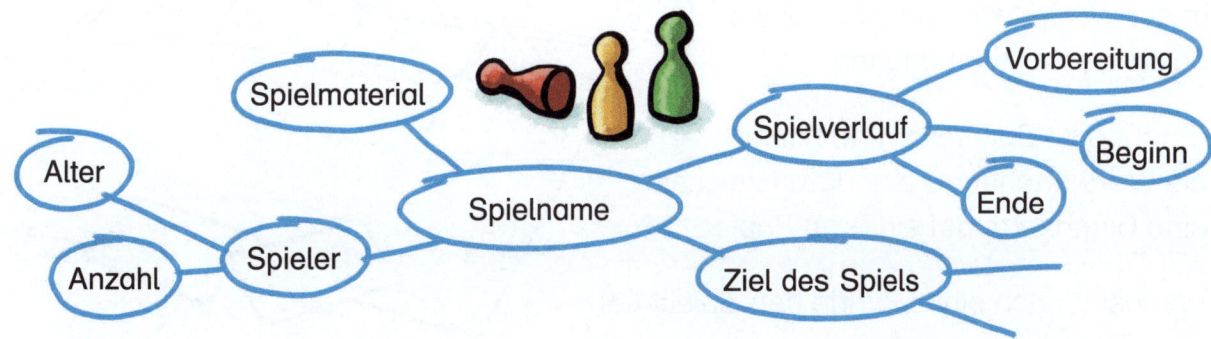

7 Eine Spielanleitung überarbeiten

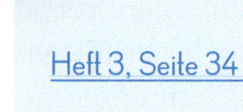

> Sind die Satzanfänge abwechslungsreich? Stehen die Verben in der richtigen Zeitform? Ist die Reihenfolge richtig?

1 Überprüfe die Spielanleitung als **Ausdrucksexperte** mithilfe des Leitfadens von Seite 32.

Heft 3, Seite 34 ①
...

a) Mache mindestens drei Verbesserungsvorschläge.

Bingo

Bingo ist ein einfaches Glücksspiel. Bei Bingo hatte derjenige gewonnen, der in seinem Raster zuerst eine Reihe bzw. Spalte markieren konnte und „Bingo" gerufen hat.
Bingo besteht aus 20 Wortkarten und leeren Bingofeldern. Eine **Bingokarte** bestand aus vier Reihen und vier Spalten, also 16 Feldern.
Bei Bingo wird ein Spielleiter festgelegt. Bei Bingo suchte sich jeder Spieler aus den Wortkarten Wörter aus, die er in seine Bingokarte in einer beliebigen Reihenfolge einträgt. Das Spiel beginnt, wenn der Spielleiter eine Wortkarte zieht.
Sobald ein aufgerufenes Wort auf der Bingokarte war, musste der Spieler dieses umkreisen. Dies wird so lange gemacht, bis ein Spieler eine Reihe oder Spalte seiner Bingokarte markiert hat. Dieser ruft dann laut „Bingo"! Nach Überprüfung seiner Bingokarte hatte derjenige Spieler gewonnen.
Mir gefällt Bingo gut, weil man dabei Wörter übt und es Spaß macht.
Besonders lustig ist es, wenn zwei Spieler gleichzeitig „Bingo" rufen.

Lukas, 10 Jahre

2 Spiele das Spiel mit mindestens zwei anderen Kindern.

a) Findet 20 Wörter mit s, ss oder ß in der Wörterliste und schreibt sie auf einzelne Wortkärtchen.

b) Ein Kind ist Spielleiter und nimmt die Wortkärtchen. Die anderen zeichnen eine Bingokarte auf ein Blatt Papier.

c) Wechselt nach einer Runde den Spielleiter.

7 Ein Lola-Spiel entwerfen

1 Suche dir ein Partnerkind.
Erstellt gemeinsam eine Mindmap (Cluster).
Überlegt euch folgende Dinge:

- Name des Spiels
- Ziel des Spiels
- Anzahl der Spieler und Alter
- Spielmaterial (z. B. Spielfiguren, Spielplan …)
- Vorbereitung des Spiels
  (z. B. Karten mischen, …)
- Spielbeginn
  (z. B. 3-mal würfeln, …)
- Spielverlauf
  (z. B. Ereigniskarten ziehen, …)
- Spielende

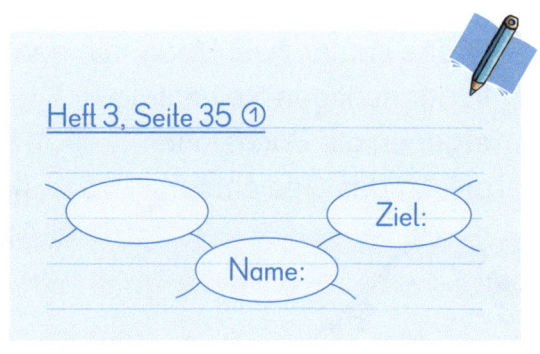

Erfinde eigene Regeln für ein Lola-Spiel.

2 Schreibt mithilfe des Leitfadens von Seite 32 und
eurer Mindmap eine Spielanleitung für euer Spiel
auf eine Karteikarte oder ein leeres Blatt.

3 Erstellt das benötigte Material,
zum Beispiel den Spielplan
oder Ereigniskarten oder …
Probiert das Spiel dann aus.

4 Legt in der Klasse eine Kartei oder einen Hefter an.
So könnt ihr eure Spielanleitungen sammeln.

1 Ordne immer zwei Merkmale den Gedichten zu.
In der richtigen Reihenfolge ergeben die Buchstaben die Art des Gedichts.

Heft 3, Seite 36 ①
A = Abzählvers
B = ...

> Gelbgrüne Kirschen
> in dunkelgrünem Blattwerk
> eine errötet
>
> *Heike Stehr* **D**

> One and two, three, four and five.
> Once I caught a fish alive.
> Six and seven, eight, nine, ten.
> Then I let it go again. **A**

> Gelb
> strahlender Sonnenschein
> oben am Himmel
> warm auf meiner Haut
> Sommer **B**

> **Der Schnupfen** **C**
>
> Ein Schnupfen hockt auf der Terrasse,
> auf dass er sich ein Opfer fasse
>
> – und stürzt alsbald mit großem Grimm
> auf einen Menschen namens Schrimm.
>
> Paul Schrimm erwidert prompt: „Pitschü!",
> und *hat* ihn drauf bis Montag früh.
>
> *Christian Morgenstern*

Das Gedicht wird gebraucht, um ein Kind aus einer Gruppe auszuwählen. LVERS

In sich reimenden Zeilen gibt es gleich viele Silben. REIMG

Das Gedicht nennt als erstes Wort eine Farbe. ELFC

Das Thema des Gedichts ist die Natur. IKU

Das Gedicht besteht aus elf Wörtern in fünf Zeilen. HEN

Die letzten Wörter von zwei aufeinander folgenden Zeilen reimen sich. EDICHT

Das Gedicht hat insgesamt 17 Silben. HA

In dem Gedicht stehen betonte und unbetonte Silben abwechselnd. ABZÄH

2 Wähle eine Gedichtart aus und schreibe ein eigenes Gedicht in dein Heft. Achte auf die Merkmale.

Heft 3, Seite 36 ②
...

8 Ein Zehn-Wörter-Gedicht verfassen

1 Zeichne in dein Heft einen großen Eimer.
Fülle deinen Reimeimer mit möglichst vielen
eigenen Reimwortpaaren.

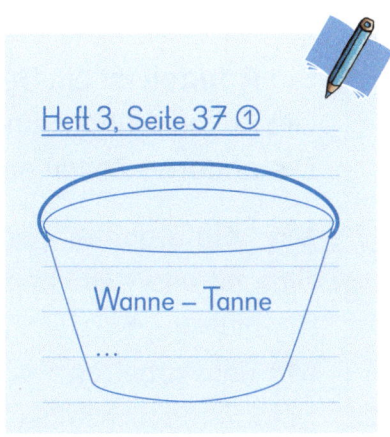

Heft 3, Seite 37 ①

Wanne – Tanne
…

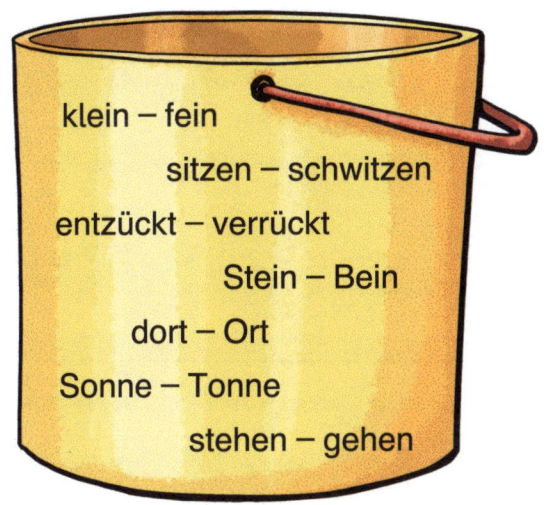

klein – fein

sitzen – schwitzen

entzückt – verrückt

Stein – Bein

dort – Ort

Sonne – Tonne

stehen – gehen

2 Schlage in diesem Heft eine beliebige Seite auf oder nimm die Wörterliste.
Tippe blind auf ein Wort. Schreibe es auf einen Zettel.

a) Wiederhole diesen Vorgang so oft, bis du zehn Wörter aufgeschrieben hast.

b) Schreibe selbst ein Gedicht, in dem deine zehn Wörter vorkommen.
Unterstreiche am Ende deine Wörter.

8 Ein Rondell schreiben

Ein **Rondell** ist ein Gedicht mit sieben Zeilen, das sich meist nicht reimt.
Die Zeilen 4 und 7 sind Wiederholungen von Zeile 1.
Die anderen Zeilen ergänzen das Thema des Rondells.

Mit Lola arbeiten macht Spaß.
Sie gibt uns viele Tipps.
Sie hilft uns bei den Aufgaben.
Mit Lola arbeiten macht Spaß.
Mit ihrem Buchstabenkleid sieht sie lustig aus.
Sie lächelt immer.
Mit Lola arbeiten macht Spaß.

1 Schreibe selbst ein Rondell.
Arbeite dazu die Aufgabenstellungen a) bis e) durch.

a) Lies den Regelkasten genau durch.

b) Finde ein Thema, über das du schreiben möchtest,
z. B. dein Hobby.

c) Schreibe die Zeilen 1, 4 und 7 auf.

d) Ergänze die restlichen Zeilen.

e) Überlege dir eine passende Überschrift für dein Rondell
und schreibe sie auf.

Heft 3, Seite 38 ①
Überschrift: _____
1 _____
2 _____
3 _____
4 _____
5 _____
6 _____
7 _____

Es gibt auch andere Formen des Rondells.

2 Überprüfe, ob du den Bauplan eingehalten hast.
Vergleiche dein Rondell mit dem Beispiel oben auf der Seite.

8 Ein Schneeballgedicht schreiben

Ein **Schneeballgedicht** beginnt mit einem Buchstaben.
In jeder Zeile wird die Buchstabenmenge um einen Buchstaben größer.

(1) I
(2) da
(3) ist
(4) eine
(5) Biene
(6) im Glas
(7) und isst
(8) den Honig

1 Schreibe ein möglichst langes Schneeballgedicht.

a) Gestalte ein passendes Schmuckblatt.

b) Übertrage dein Schneeballgedicht in Schönschrift auf das Blatt.

2 Vergleiche dein Gedicht mit anderen Schneeballgedichten.
Welches hat die meisten Zeilen?

3

Einsterns 4 Schwester

Themenheft 3

Texte schreiben

Herausgegeben von:	Roland Bauer, Jutta Maurach
Erarbeitet von:	Katrin Baudendistel, Daniela Dreier-Kuzuhara und der Redaktion Primarstufe
Redaktion:	Mirjam Löwen
Illustration:	Yo Rühmer
Umschlaggestaltung:	klein & halm, Berlin
Layout und technische Umsetzung:	Katrin Tengler

Textquellen

25 Aesop: Der Löwe und die Maus. Aus: Fabeln von Aesop. Deutsch von Heinz Fischer. Düsseldorf, Patmos Verlag 1990

27 Grimm, Jacob und Wilhelm: Der süße Brei. Aus: Die Kinder- und Hausmärchen der Brüder Grimm. Berlin, Kinderbuchverlag 1963

36 Morgenstern, Christian: Der Schnupfen. Aus: Sämtliche Dichtungen in 3 Abteilungen, (Neuausgabe und Nachwort von Heinrich O. Poskauer). Basel, Zbinden Verlag 1978

36 Stehr, Heike: Gelbgrüne Kirschen. Aus: Sommergras. Vierteljahresschrift der deutschen Haiku-Gesellschaft. 21. Jahrgang, September 2008, Nr. 82

Bildquellen

7 © Robert Angermayr/Fotolia.com

33 © Schmidt Spiele, Berlin

www.cornelsen.de

Aus didaktischen Gründen wurden Texte gekürzt/bearbeitet.

1. Auflage, 9. Druck 2022

Alle Drucke dieser Auflage sind inhaltlich unverändert und können im Unterricht nebeneinander verwendet werden.

© 2012 Cornelsen Verlag, Berlin
© 2017 Cornelsen Verlag GmbH, Berlin

Druck und Bindung: Livonia Print, Riga

ISBN 978-3-06-080159-6